AF238528

ANDREAS SPREINAT • MALAWISEE-FIBEL

Streitende halbwüchsige
Gelbe Labidochromis
(*Labidochromis* sp. „Yellow").

Andreas Spreinat

Malawisee-Fibel

Farbenprächtige Buntbarsche fürs Aquarium

Dähne Verlag

Fotonachweis:
Alle Fotos, außer den besonders gekennzeichneten, sind vom Autor.

Bibliografische Information der Deutschen Bibliothek

Die Deutsche Bibliothek verzeichnet diese Publikation in der Deutschen Nationalbibliografie; detaillierte bibliografische Daten sind im Internet über http://dnb.dnb.de abrufbar.

ISBN 978-3-935175-86-9
© 2012 Dähne Verlag GmbH, Postfach 10 02 50, 76256 Ettlingen
3. Auflage 2022

Druck: Beltz Grafische Betriebe GmbH
Printed in Germany

Inhalt

Einleitung

rechts:
Eine Horde
Kobalt-Zebra
(*Maylandia
callainos*) über
einem riesigen
Felsen im licht-
durchfluteten
Flachwasser
(Umba, südlich
Nkhata Bay,
Malawi).

Malawiseebuntbarsche zählen zu den am häufigsten gepflegten Buntbarschen. Die ungewöhnliche Farbenpracht dieser in früheren Jahren als
Korallenfische des Süßwassers bezeichneten Cichliden ist hierfür sicher-
lich ein wesentlicher Grund.

Ein weiterer Grund ist vermutlich darin zu sehen, dass man verschiedene Arten von Malawiseebuntbarschen gut miteinander vergesellschaften
kann. Und, vielleicht ein noch wesentlicherer Faktor, ist die Tatsache, dass
(fast) alle Malawiseebuntbarsche Maulbrüter sind. Dadurch führt die
Brutpflege nicht dazu, dass die Aquariengemeinschaft empfindlich ge-
stört wird. Das Weibchen nimmt die Eier in den Kehlsack auf und zieht
sich zum Austragen der Jungen an einen geschützten Platz zurück. Wenn
man die Jungen aufziehen möchte, setzt man das maulbrütende Muttertier in ein kleines Extrabecken. Bei den nicht maulbrütenden Buntbarschen werden die Jungen dagegen nach dem Freischwimmen von den
Eltern oft durch das gesamte Aquarium geführt; alle anderen Aquarien-
mitbewohner werden dabei so heftig weggebissen, dass man diese
manchmal entfernen muss.

Die Haltung von Malawiseebuntbarschen kann man also als eine Art Fort-
setzung des beliebten Gesellschaftsaquariums bezeichnen. Mit dem Unter-
schied, dass anstelle der sonst üblicherweise in Gesellschaftsaquarien gepflegten Barben, Salmler und Kärpflinge jetzt farbenfrohe und interessante
Cichliden miteinander vergesellschaftet werden. Aber auch Malawisee-Cichliden weisen ein mehr oder weniger starkes Aggressionsverhalten gegen artgleiche, mitunter auch gegen artfremde Mitbewohner auf. Diesem Verhalten
sollte der Pfleger vor allem mit der Einrichtung, der Auswahl der Arten und
auch mit der Besatzzahl entgegenwirken. Wer dann noch einige Grundre-
geln der Aquaristik mit Blick auf Wasserqualität und Ernährung beachtet,
wird viel Freude an diesen faszinierenden Buntbarschen haben und – das
ist zu bedenken – möglicherweise nie mehr davon loskommen.

Korallenfische des Süßwassers

Fischreichtum am N'nosi-Riff (Mosambik): Ein großer Trupp *Melanochromis mossambiquensis* sowie ein einzelnes Weibchen vom Roten Zebra schwimmen gegen die Strömung.

Malawiseebuntbarsche sind einzigartige Fische. Fast alle Arten kommen nur im Malawisee vor, sonst nirgends auf der Welt. Das Alter des Sees wird auf wenige Millionen (ein bis drei) Jahre geschätzt. Als der See entstand, sind wahrscheinlich nur wenige Vorfahren der heutigen Buntbarsche in den „Ur-Malawisee" eingewandert. Diese haben sich dann äußerst erfolgreich entwickelt und in eine Vielzahl von Arten aufgespalten. Jede dieser Arten war (und ist) an eine bestimmte „ökologische Nische", also an eine bestimmte Weise zu leben und sich zu ernähren, bestens angepasst.

Grundsätzlich lassen sich zwei große Gruppen von Malawiseebuntbarschen unterscheiden.

Die Mbuna

Als Erstes sind hier die Felsenbuntbarsche zu nennen. Diese werden von den Yao, einem Volksstamm in Malawi, als Mbuna bezeichnet. Dieser Ausdruck hat sich weltweit für die Felsenbuntbarsche des Malawisees durchgesetzt. Mbunas sind in erster Linie Aufwuchsfresser. Sie ernähren sich vor allem von Algen, Bakterien und den Kleintieren, die im Felsaufwuchs vorkommen. Die außergewöhnliche Farbenpracht der Mbunas hat Aquarianer so sehr begeistert, dass der Ausdruck „Korallenfische des Süßwassers" für diese Cichliden entstand.

Pseudotropheus sp. „Elongatus Mazimbwe" in seinem natürlichen Lebensraum bei Mazimbwe Island (Likoma, Malawi).

Die Non-Mbuna

Die zweite Gruppe umfasst jene Buntbarsche, die – vereinfacht ausgedrückt – zwar nicht zu den Felsenbuntbarschen gehören, aber ebenfalls typisch für den Malawisee sind. Unter ihnen gibt es eine ganze Reihe von Arten, die felsige Lebensräume bewohnen. Andere leben über den weiten sandigen Bereichen, im ufernahen Freiwasser oder in Sumpfzonen beziehungsweise in der Nähe von Flussmündungen. Früher ordnete man die meisten Nicht-Mbunas noch in die Gattung *Haplochromis* ein, die Vertreter wurden umgangssprachlich verkürzt als „Haps" bezeichnet. Die Gattung wurde aber mittlerweile komplett überarbeitet, und die „Malawisee-Haps" sind in eine Vielzahl von neu geschaffenen Gattungen eingeordnet worden.

Als Unterscheidung zu den Mbunas wird nunmehr der Ausdruck „Nicht-Mbunas" (oder auch Non-Mbunas) für die zweite große Gruppe der Malawiseebuntbarsche verwendet. Es sind also die Mbunas und die Nicht-Mbunas, die die eigentlichen Malawiseecichliden darstellen. Beide Gruppen sind artenmäßig ungefähr gleich stark vertreten. Nach vorsichtigen Schätzungen dürften es insgesamt rund 600 Arten sein, vielleicht sind es aber auch deutlich mehr, möglicherweise sogar über 1.000 Arten. Ein grundsätzliches Problem ist hier die Artabgrenzung, weshalb sich die genaue Anzahl noch nicht festlegen lässt. Gerade in systematischer Hinsicht wartet noch eine Menge Arbeit auf die Biologen.

Otopharynx lithobates in über 30 m Tiefe bei Zimbawe Rock (Cape Maclear, Malawi).

10

Eine Handvoll Sonstige

Daneben gibt es eine Handvoll weiterer Buntbarsche, die man nicht zu den Malawisee-Cichliden im eigentlichen Sinne zählt. Es sind Arten, die sehr wahrscheinlich erst viel später – nachdem sich die Mbunas und Nicht-Mbunas entwickelt hatten – in dieses Gewässer eingewandert sind. Bei diesen Cichliden handelt es sich um fünf tilapiaartige (darunter *Tilapia rendalli*, der einzige Substratbrüter des Malawisees unter den Buntbarschen, sowie *Oreochromis shiranus* und die drei Geißel-Tilapien *Oreochromis squamipinnis*, *O. lidole* und *O. karongae*), *Serranochromis robustus* und *Astatotilapia callipte-ra*. Alle diese Buntbarsche leben entweder nicht ausschließlich im Malawisee oder ihre nächsten Verwandten besiedeln die umliegenden Flusssysteme. Es sind somit im Gegensatz zu den eigentlichen Malawiseebuntbarschen ursprünglich fluviatile (flussbewohnende) Arten gewesen.

Der Malawisee wird in hohem Maße von Buntbarschen dominiert. Wer in diesem Gewässer schnorchelt oder taucht, gewinnt unwillkürlich den Eindruck, dass es hier nur Buntbarsche gibt. Andere Fisch-

gruppen sind kaum einmal zu sehen. In der Tat sind die Nicht-Buntbarsche nur durch ein gutes Dutzend Barben und Welse sowie einige wenige Karpfen-, Salmler- und Aalarten vertreten.

Es ist darüber hinaus bemerkenswert, dass – mit einer Ausnahme – alle Malawiseebuntbarsche Maulbrüter im weiblichen Geschlecht sind (mütterliche oder maternale Maulbrüter). Die Ausnahme bildet *Tilapia rendall*, ein offenbrütender Cichlide, bei dem beide Eltern die Brutpflege übernehmen (Elternfamilie).

Brutpflegendes Pärchen von *Tilapia rendalli*, dem einzigen nicht maulbrütenden Buntbarsch im Malawisee (Unterwasseraufnahme von Fig Bay, Likoma, Malawi).

11

Afrikas schönstes Aquarium

Traumhafte Sandstrände auf Likoma (unten) und an der mittleren Westküste südlich Nkhata Bay (Chikale Beach, rechts unten), eindrucksvolle Felsküste der Insel Maleri (rechts oben).

Der Malawisee ist der südlichste See im ostafrikanischen Grabenbruch. Eigentlich ist er ein Binnenmeer. Bei einer Länge von knapp 600 km und einer maximalen Breite von rund 80 km reicht er hinab bis auf etwa 700 Meter Tiefe. Südöstlicher Wind, der sogenannte Mwera, zieht, vom Indischen Ozean kommend, den Grabenbruch hinauf und sorgt an man-

chen Tagen für meterhohen Seegang auf dem offenen See. An küstenfernen Felsriffen können Strömungen wie im Meer auftreten. An anderen Tagen wiederum präsentiert sich der See so spiegelglatt und friedlich wie ein überdimensionierter Dorfteich.

Es ist das vor allem während der Trockenzeit so klare Wasser, welches fantastische Unterwasserbeobach-

13

Das N'nosi-Riff ist der Lebensraum des häufig gepflegten Roten Zebra (*Maylandia estherae*). Die orangefarbenen Buntbarsche sind Weibchen, die Männchen sind je nach Stimmung dunkel- bis hellblau.

15

Uferbereich von Nkholongue (Mosambik): Sand- und Felsen wechseln einander ab und bilden unter Wasser den sogenannten intermediären Untergrund (gemischter Sand-Felsgrund).

tungen ermöglicht. Zehn Meter Sichtweite, an guten Tagen und vor allem an den weit im See liegenden Inseln auch bis zwanzig Meter, sind keine Seltenheit. Dies und natürlich die farbenprächtigen Malawisee-Cichliden haben schon früh zu dem genannten Vergleich mit einem Aquarium geführt.

Da sich die meisten Buntbarsche in den nahrungsreichen, nur wenige Meter tiefen Uferzonen aufhalten, muss man kein Tauchgerät benutzen, um diese faszinierenden Cichliden zu beobachten. Eine Tauchmaske mit Schnorchel sowie Schwimmflossen

reichen völlig aus. Bei Film- oder Foto-aufnahmen ist ein Tauchgerät natürlich schon sehr hilfreich.

Es war Anfang der 1960er-Jahre, als die ersten Malawisee-Cichliden für die Aquaristik entdeckt wurden. Vor allem die farbenprächtigen Mbunas aus den Felsenzonen erregten das Interesse.

Nach der klassischen Einteilung gibt es insgesamt sieben Arten von Lebensräumen im Malawisee. Neben dem bereits erwähnten Felsgrund gibt es den sogenannten gemischten Sand-Fels-Untergrund, den Sandgrund (inklusive mit Pflanzen bestandenen Sandflächen), Fluss-mündungen und Röhrrichtufer, das ufernahe und uferferne Freiwasser sowie die Tiefwasserzone.

Aquaristisch bedeutsame Arten stammen überwiegend aus Felszonen (vor allem Mbuna) und gemischten Untergründen (Mbuna und Nicht-Mbuna) sowie in jüngster Zeit auch relativ häufig aus sandigen Lebensräumen (Nicht-Mbuna). Etliche beliebte Arten der Gattung *Copadichromis* (die sogenannten Utaka) bewohnen auch das ufernahe Freiwasser, so dass man diesen Lebensraum hier ebenfalls erwähnen muss. Die weiteren Lebensräume sind aquaristisch nicht von größerer Bedeutung.

Eine ungewöhnliche Färbung tragen die Männchen von *Tropheops* sp. „Membe" (Unterwasseraufnahme von Fig Bay, Likoma).

Tauchpartner Ralf Boecker hat etwas Mulm aufgewirbelt, um die neugierigen *Melanochromis parallelus* anzulocken und besser fotografieren zu können (Linganjara-Riff, Chisumulu).

Empfehlenswerte und schöne Malawiseebuntbarsche

Labidochromis sp. „Hongi"
Hongi-Labidochromis

Größe:
8 bis 9 cm

Aquariengröße:
200 Liter

Ernährung:
Aufwuchs und
Kleintiere

Lebensraum:
Felsgrund

Verbreitung:
Insel Hongi; auch von
einigen Riffen und
Felsküsten in der
weiteren Umgebung
bekannt.

Typisch für diesen hübschen kleinen Buntbarsch, der sich einen festen Platz in der Aquaristik erobert hat, sind die gelben Pigmente im Kehl- und Wangenbereich sowie die gelbe Rückenflosse. Diese Prachtfärbung zeigen nur die dominanten Männchen; unterlegene Männchen und Weibchen sind mehr oder weniger einheitlich braun.

Unter natürlichen Bedingungen erreicht dieser wissenschaftlich noch unbeschriebene und nur unter seinem Handelsnamen bekannte Aufwuchsfresser nur etwa acht bis neun Zentimeter, im Aquarium kann er bei reichlicher Fütterung auch zehn Zentimeter erreichen. Die Männchen sind revierbildend und recht aggressiv gegen Artgenossen. Deshalb empfiehlt sich die Haltung eines Männchens mit einer Schar Weibchen in einem mit zahlreichen Versteckmöglichkeiten gegliederten Aquarium.

L. sp. „Hongi" ist vielfach nachgezüchtet worden. Es sind Aquarienstämme im Handel, bei denen eine Auslesezucht auf kräftige Orangetöne stattgefunden hat. Solche Exemplare sind hübscher und lebhafter gefärbt als Wildfänge und besonders begehrt.

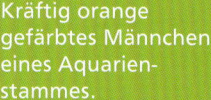

Kräftig orange
gefärbtes Männchen
eines Aquarien-
stammes.

So sehen die Wild-
fänge aus: Männchen
in seinem Revier bei
Hongi Island.

21

Labidochromis sp. „Yellow"
Gelber Labidochromis

Größe:
8 bis 10 cm

Aquariengröße:
200 Liter

Ernährung:
Aufwuchs und Kleintiere

Lebensraum:
Felsgrund

Verbreitung:
Nordwestküste nördlich von Nkhata Bay, etwa zwischen Lions Cove und Usisya.

Der Gelbe Labidochromis ist unzweifelhaft der am häufigsten gepflegte Buntbarsch aus dem Malawisee. Seine relativ geringe Größe, die hübsche gelbe Färbung sowie das friedfertige Wesen sprechen für diese Art. Beide Geschlechter sind intensiv gelb gefärbt. Männchen kann man meist an der schwärzlichen Färbung in der Afterflosse erkennen, da Weibchen hier keine dunklen Pigmente tragen (im Alter können sich diese Unterschiede verwischen, da die dunklen Pigmente insgesamt zunehmen).

Der Gelbe Labidochromis ist ein Kleintierfresser, der seine Beute gezielt aus dem Aufwuchs herauspickt. Im Aquarium frisst die Art gerne die üblichen Ersatzfuttermittel. Die Pflege einer gemischten Gruppe von sechs bis acht Exemplaren ist auch in einem kleineren Aquarium (200 l) möglich und zu empfehlen.

Wegen der hohen Nachfrage ist er vieltausendfach gezüchtet worden. Nicht immer ist dabei die nötige Auslese in Bezug auf Gesundheit, Widerstandskraft und Farbtreue betrieben worden. Umso wichtiger ist es, nur augenscheinlich gesunde und kräftige Nachzuchten zu erwerben. Da dieser Cichlide nirgends in großer Anzahl vorkommt (meist werden nur einzelne Exemplare gefunden), werden nur selten Wildfänge eingeführt. Die Nachzucht ist einfach. Wie die meisten Arten der Gattung ist auch der Gelbe Labidochromis nicht sehr produktiv. Meist liegt die Wurfgröße zwischen zehn und zwanzig Jungtieren.

In manchen Aquarienbüchern wird er als *L. caeruleus* bezeichnet. Das ist nicht korrekt, weil es eine voreilige Annahme darstellt. *L. caeruleus* ist komplett weiß gefärbt mit schwarzen Flossensäumen. *L.* sp. „Yellow" ist eng verwandt mit *L. caeruleus*, aber keineswegs eine Farbmorphe von diesem Cichliden. Die beiden Arten bewohnen unterschiedliche Küstenabschnitte. Daneben gibt es weitere Arten, die sich sehr ähnlich sind, deren verwandtschaftliche Verhältnisse aber noch nicht eingehend untersucht wurden (z. B. *L.* sp. „Blue/White"). Es gibt sowohl von *L.* sp. „Yellow" als auch von *L. caeruleus* Populationen, die keine schwarzen Pigmente in den Flossen aufweisen.

Kräftiges Nachzucht-Männchen im Aquarium.

Mbuna

Labidochromis caeruleus stammt von Nkhata Bay, ist in beiden Geschlechtern weißlich und sollte nicht mit *L.* sp. „Yellow" verwechselt werden.

Junge Nachzuchten einer Population mit rein gelben Flossen.

Maylandia callainos
Kobalt-Zebra, Bright Blue

Größe:
8 bis 12 cm

Aquariengröße:
200 Liter

Ernährung:
Aufwuchs und Plankton

Lebensraum:
Felsgrund, gemischte
Sand-Felsgründe

Verbreitung:
nördliche West- und
Ostküste (Tansania)

Der Malawisee-Cichlide mit dem wahrscheinlich am meisten leuchtenden Blau wurde zunächst als Bright Blue, später als Kobalt-Zebra eingeführt. Es handelt sich um einen typischen Aufwuchsfresser. Der Kobalt-Zebra gehört zu den friedfertigsten Felsenbuntbarschen. Im natürlichen Lebensraum lebt die Art oft in größeren, losen Gruppen. Es empfiehlt sich, stets mehrere Exemplare zu pflegen.

M. callainos tritt in drei Farbmorphen auf. Bei der B-Morphe sind Männchen wie Weibchen hellblau gefärbt, bei der W-Morphe (weiß)

sind beide Geschlechter einheitlich weißlich. Diese Farbmorphe ist unter dem Handelsnamen Perlzebra bekannt geworden. Daneben gibt es – wie bei allen Zebraartigen im engeren Sinne – auch die seltene, gefleckte OB-Morphe (engl. orange blotched = orange gefleckt), bei der Männchen und Weibchen dunkle Flecke auf hellem Grund tragen (die Bezeichnung OB ist hier irreführend, da keine orange Grundfärbung vorhanden ist; das Kürzel OB wird aber für alle gefleckten Morphen verwendet).

Da Männchen wie Weibchen prinzipiell gleich gefärbt sind, ist es nicht immer leicht, die Geschlechter zu unterscheiden. Grundsätzlich zeigen Männchen kräftigere Blautöne und ausgeprägtere Eiflecken in der Afterflosse.

Männchen der
weißen Form
(W-Morphe).

24

Männchen der
blauen Form
(B-Morphe).

Maulbrütendes
Weibchen der
gefleckten Form
(OB-Morphe) im
natürlichen Lebens-
raum bei Chitendi
Island (Chilumba,
Malawi).

25

Maylandia estherae
Roter Malawisee-Zebrabuntbarsch

Größe:
8 bis 12 cm

Aquariengröße:
300 Liter

Ernährung:
Aufwuchs und Plankton

Lebensraum:
Felsgrund

Verbreitung:
Mittlere Ostküste am N'nosi Riff, Mosambik (oft fälschlich als „Minos Riff" bezeichnet) und weiter südlich.

Weibchen (O-Morphe).

Der „Rote Zebra" wurde Anfang der 1970er-Jahre entdeckt, und als die ersten Exemplare nach Deutschland eingeführt wurden, kam dies einer aquaristischen Sensation gleich. Mittlerweile gelangen nur noch selten Wildfänge in den Handel. Aber es gibt zahlreiche Züchter, die teils eigene Stämme herausgezüchtet haben.

M. estherae tritt in drei Farbmorphen auf: Bei der blauen Morphe (B-Morphe) sind die Männchen hellblau mit angedeuteten dunklen Querstreifen, die Weibchen sind dunkelgrau bis braun. Die blaue Morphe kann als Normalform gelten. Daneben gibt es die O-Morphe (orange), die vor allem unter Weibchen (rote Männchen sind selten) auftritt und nach der diese Art ihren deutschen Namen erhalten hat. Die

gezielte Zucht mit O-Männchen ergab den Zuchtstamm „rot/rot", bei dem Männchen wie Weibchen einheitlich orange gefärbt sind.

Die seltenste Farbmorphe ist die OB-Morphe. OB steht für „orange gefleckt" (engl.: orange blotched), die ebenfalls in beiden Geschlechtern auftreten kann. OB-Exemplare tragen ein unregelmäßiges Muster aus dunklen Flecken auf orangem Grund.

Der Rote Zebra ist eng verwandt mit *Maylandia zebra* und erreicht bei übermäßiger Fütterung auch 15 Zentimeter Länge. Die Männchen verteidigen Reviere, während die Weibchen meist in losen Gruppen durch das Felslitoral ziehen. In kleineren Becken sollte man ein Männchen mit einem bis mehreren Weibchen halten; in größeren Aquarien ist eine Gruppenhaltung möglich.

Männchen (B-Morphe).

Männchen (O-Morphe).

Weibchen (OB-Morphe).

Melanochromis auratus
Türkisgoldbuntbarsch

Größe:
8 bis 12 cm

Aquariengröße:
300 Liter

Ernährung:
Aufwuchs und Plankton

Lebensraum:
Felsgrund, gemischte
Sand-Felsgründe

Verbreitung:
Mittlere bis südliche
Westküste (Nkhomo-
Riff bis zum Südende
des Sees)

Der Klassiker unter den Malawisee-buntbarschen. Geschlechtsreife, dominante Männchen sind tiefschwarz mit zwei weißlichen bis gelben Längsstreifen. Die Weibchen sind genau konträr gefärbt: Auf kräftig gelbem Grund tragen sie zwei schwarze Längsstreifen.

Jungfische zeigen bereits beim Verlassen des mütterlichen Mauls die Weibchenfärbung. Ab einem Alter von etwa einem halben bis dreiviertel Jahr werden die jungen Männchen geschlechtsreif und beginnen mit der Umfärbung. Unterdrückte Männchen färben sich nicht um; sie „tarnen" sich mit der Weibchenfärbung, um nicht ständig die Attacken stärkerer Männchen auf sich zu ziehen. An den Eiflecken und der oft doch etwas dunkleren Pigmentierung lassen sie sich dennoch meist erkennen.

Ältere Weibchen können dunkel bis fast schwarz werden. Insbesondere maulbrütende Weibchen ändern ihr Farbkleid, sie werden dunkler und nähern sich der Männchenfärbung an.

Der Türkisgoldbuntbarsch ist ein typischer Bewohner felsiger und gemischter Untergründe. Im Aquarium kann die Art bei übermäßiger Fütterung deutlich größer werden als unter natürlichen Bedingungen. Sie ernährt sich vor allem von Aufwuchs und Plankton, nimmt im Aquarium aber jegliches Ersatzfutter gerne an.

Männchen sind meist revierbildend und aggressiv gegenüber Weibchen und häufig auch gegen andere Fische. In kleineren Aquarien sollte man entweder nur ein Pärchen oder ein Männchen mit mehreren Weibchen halten. Die Empfehlung, sich in kleinen Becken auf ein Pärchen zu beschränken, hat den Hintergrund, dass sich manchmal auch Weibchen untereinander aggressiv verhalten. In größeren Aquarien (ab 500 Liter) ist es sinnvoll, eine Gruppe von acht bis zehn Exemplaren zu halten.

In jedem Fall sollte das Aquarium mit einer Vielzahl von Felsaufbauten ausgestattet sein, so dass sich unterlegene Exemplare und maulbrütende Weibchen zurückziehen können.

Wildfang-
Weibchen

Junges Nachzucht-
Weibchen.

Kraftvolles Nach-
zucht-Männchen.

29

Melanochromis johannii
Johannii und Schwesterarten

Die Art besiedelt felsige und gemischte Untergründe, vorzugsweise im Flachwasser bis etwa fünf Meter Tiefe. Die Männchen sind revierbildend, Weibchen und Halbwüchsige leben in der Regel in losen Gruppen. In größeren Aquarien ist eine Gruppenhaltung am besten; in kleineren Becken empfiehlt sich die Haltung eines Männchens mit mehreren Weibchen.

In der Natur ernährt sich *M. johannii* von Aufwuchs und Plankton, im Aquarium wird das übliche Fertigfutter gerne angenommen.

An den Inseln Likoma und Chisumulu gibt es eng verwandte Schwesterarten: Bei Chisumulu lebt *M. interruptus* („Chisumulu-Johannii"). Männchen sind tief dunkelblau bis schwarz und weisen eine oder zwei helle Punktreihen anstelle der Längsstreifen auf, manche sind aber auch fast rein schwarz (individuelle Variation). Die

Weibchen sind kräftig gelborange. Die Küsten Likomas werden von zwei Schwesterarten bewohnt, die sich in ihren Verbreitungsgebieten aber, soweit bekannt, nicht überlappen. Bei *M. perileucos* („Black-White- Johannii") sind die Männchen dunkelblau mit einer weißlichen Schwanzwurzelzone; die hellblauen Längsstreifen fehlen. Die Weibchen sind gelblich, im Alter mitunter silbrig-grau.

An der nordöstlichen Küste Likomas lebt der sogenannte Maingano-Johannii (*M. cyaneorhabdos*). Bei dieser Art sind Männchen wie Weibchen identisch gefärbt: Sie zeigen eine dunkelblaue Grundfärbung mit zwei hellblauen Längsstreifen und lassen sich von männlichen Johannii ohne Kenntnis des Fundortes nicht unterscheiden. Auch die Schwesterarten lassen sich gut pflegen und nachzüchten. Um Kreuzungen zu vermeiden, sollte man sie allerdings möglichst getrennt voneinander halten.

Männchen von *M. perileucos* bei Mbuzi Island (Likoma, Malawi).

Männchen von
M. johannii

Männchen
des Chisumulu-
Johannii
(*M. interruptus*)
bei Chiwi Rocks
(Chisumulu).

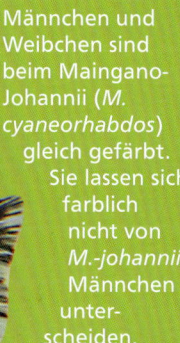

Männchen und
Weibchen sind
beim Maingano-
Johannii (*M.
cyaneorhabdos*)
gleich gefärbt.
Sie lassen sich
farblich
nicht von
M.-johannii-
Männchen
unter-
scheiden.

31

Pseudotropheus sp. „Acei"
Acei-Malawiseebuntbarsch

Größe:
10 bis 12 cm

Aquariengröße:
200 Liter

Ernährung:
Aufwuchs und Plankton

Lebensraum:
Vorwiegend sandige sowie gemischte Untergründe mit Holzeinlagerungen

Verbreitung:
Einzelne Küstenabschnitte sowohl im Norden als auch im Süden.

Der Acei (sprich: A-zeh-i) ist ein ungewöhnlicher Felsenbuntbarsch. Im Gegensatz zu der großen Mehrheit der Mbunas besiedelt der Acei keine Felsuntergründe. Er lebt über sandigen Untergründen, die mit Holzablagerungen, wie Ästen oder ganzen Baumstämmen durchsetzt sind. Offenbar hat er sich darauf spezialisiert, den Aufwuchs von den Ästen und Stämmen abzuweiden. Daneben werden auch sandige Zonen bewohnt, die gelegentlich mit Steinen oder Felsen durchsetzt sind.

Bemerkenswert ist, dass er in beiden Geschlechtern mehr oder weniger gleich gefärbt ist. Allein an den etwas ausgezogeneren Flossen sowie der etwas stärkeren Blaufärbung lassen sich geschlechtsreife Männchen erkennen. Der Acei ist nur selten aggressiv gegenüber Artgenossen und anderen Fischen. Man kann also problemlos einen gemischten Trupp von vier, sechs oder mehr Exemplaren halten.

Er wird an einigen wenigen, ausgesuchten Küstenabschnitten gefangen, an denen er aber so häufig vorkommt, dass sich der Fang lohnt. Da die Art sich leicht züchten lässt, sind preiswerte Nachzuchten regelmäßig verfügbar.

An der Nordwestküste nahe der Ortschaft Ngara (nördlich Chilumba) lebt eine Acei-Population, die durch einen dunkelblau-violetten Körper und weißliche Flossenränder auffällt. Wahrscheinlich handelt es sich hierbei um eine eigenständige Art. Diese Cichliden werden im Handel als Ngara-Acei geführt.

Männchen von *Pseudotropheus* sp. „Acei"

Wahrscheinlich stellt der „Acei Ngara" eine eigenständige Art dar.

Sandige und gemischte Untergründe mit Baumstämmen bilden den bevorzugten Lebensraum des Acei.

33

Pseudotropheus socolofi
Socolofs Malawiseebuntbarsch

Männchen und Weibchen zeigen am gesamten Körper gleichermaßen ein weiches helles Blau, das durch schwarze Flossensäume regelrecht eingerahmt wird. Weibchen bleiben etwas kleiner, während die Männchen in der Regel etwas kräftiger gefärbt sind und länger ausgezogene Rücken- und Afterflossen entwickeln.

Die innerartliche Aggressivität ist nur schwach entwickelt, so dass sich die Haltung einer Gruppe empfiehlt. *P. socolofi* ist ein Bewohner des gemischten Sand-Fels-Untergrundes, der sich problemlos in einem üblichen Malawisee-Gesellschaftsaquarium halten lässt.

Die Exemplare der südlichen Populationen tragen interessanterweise keine schwarzen Streifen in der Rückenflosse, sondern sind einheitlich blau gefärbt. Sie wurden allerdings nur sehr selten eingeführt.

Größe:
8 bis 10 cm

Aquariengröße:
200 Liter

Ernährung:
Aufwuchs und Kleintiere

Lebensraum:
Gemischte Sand-Fels-gründe

Verbreitung:
Uferbereich nahe der Ortschaft Cobue (mittlere mosambikanische Ostküste, gegenüber der Insel Likoma) und südlich angrenzende Küsten.

Aquarien-
exemplar von
*Pseudotropheus
socolofi*

Exemplare der
Population südlich
von Cobue tragen
keinen schwarzen
Streifen in der
Rückenflosse.

Unterwasserauf-
nahme von
Kanjindo (südlich
Cobue): Das
unterlegene
Männchen (links)
flüchtet in Demuts-
haltung vor dem
dominanten
Männchen. Der
blaugelbe Bunt-
barsch im Hinter-
grund ist
*Pseudotropheus
aurora.*

35

Aulonocara baenschi
Baenschs Kaiserbuntbarsch

Gelber Körper, blauer Kopf, das sind die Markenzeichen der Männchen von *A. baenschi*. Allerdings schwankt der Anteil der schillernd blauen Kopfzeichnung individuell, so dass es hier recht große Unterschiede zwischen den einzelnen Männchen innerhalb einer Population gibt. Weibchen sind einheitlich dunkelgrau bis braun.

Wie die meisten Kaiserbuntbarsche ist auch der „Baenschi" ein ruhiger Vertreter, der nur wenig durchsetzungsfähig gegenüber anderen Malawiseebuntbarschen ist.

Kaiserbuntbarsche hält man am besten im Artbecken oder in Gesellschaft mit anderen, wenig aggressiven und nicht zu großen Cichliden. Man kann *A. baenschi* paarweise oder in kleinen Gruppen halten, je nach Größe des Aquariums.

Es sind drei Populationen bekannt, die je nach Fundstelle bezeichnet werden. Die Typuspopulation lebt nahe der Ortschaft Benga (Handelsname: Benga- oder Nkhomo-Aulonocara). Etliche Kilometer südlich davon lebt an der Maleri-Inselgruppe der Maleri-Kaiserbuntbarsch, noch etwas weiter südlich befindet sich das Chindunga-Riff (auch Chidunga-Riff) vor der Ortschaft Chipoka, wo der sogenannte Chipoka-Aulonocara gefangen wird.

Basierend auf Exemplaren aus der Chipoka- und Maleri-Population sind Aquarienstämme herausgezüchtet worden, die durch intensive Rottöne auffallen. Diese Stämme werden z. B. als *A.* „Rot" (*A.* „Red") oder *A.* „Red Rubin" gehandelt.

Männchen der Nkhomo-Population im Aquarium.

Durch Auslese-zucht kräftig orange pigmentiertes Männchen.

Im natürlichen Lebensraum bei Maleri Island.

Non-Mbuna

Aulonocara hansbaenschi
Rotschulter-Kaiserbuntbarsch

Größe:
9 bis 11 cm

Aquariengröße:
200 Liter

Ernährung:
Kleintiere

Lebensraum:
Gemischte Sand-Fels-gründe

Verbreitung:
Ostküste, etwa von Masinje (Makanjila, Malawi) in Richtung Norden bis weit nach Mosambik hinein (Metangula).

Der Rotschulter-Kaiserbuntbarsch war der erste Vertreter seiner Gattung, der bereits 1972 eingeführt wurde. Die Art trägt auf blauem Grund orangerote Pigmente vom Brustbereich bis zum Nacken. Diese rötlichen Pigmente sind individuell unterschiedlich stark ausgebildet. Auch die Bauchflossen tragen mitunter rötliche Pigmente. Im Aquarium kann der Rotschulter-Kaiserbuntbarsch bei entsprechender Fütterung deutlich größer als im Freiland werden. Die Weibchen sind, wie bei den meisten Kaiserbuntbarschen, einheitlich grau bis braun gefärbt. Die Art besiedelt gemischte Untergründe.

Im Aquarium ist der Rotschulter-Aulonocara ein eher ruhiger Vertreter, der nicht mit aggressiven Arten vergesellschaftet werden sollte. Eine paarweise Haltung ist ebenso möglich, wie die Pflege einer kleinen gemischten Gruppe.

Eine sehr ähnlich und ebenfalls sehr gut zu haltende Art ist der Cobue-Kaiserbuntbarsch. Dieser Buntbarsch sieht aus wie eine kleinere Ausgabe des Rotschulter-Aulonocara, dem aber meist die rote Schulter fehlt. Auffällig sind die intensiv rötlichen Bauchflossen sowie die geringe Größe von etwa sieben bis acht Zentimetern. Die Art kommt nur im Bereich der mosambikanischen Ortschaft Cobue vor. Allerdings wurden einige Exemplare im Süden bei Cape Maclear ausgesetzt, die dort eine stabile Population gebildet und auch benachbarte Küstenabschnitte erobert haben.

Kapitales Männchen im Aquarium.

Im natürlichen Lebensraum bei Nkholongwe (Mosambik).

Männchen und drei Weibchen von *Aulonocara* sp. „Cobue" bei Ilala Gap (Domwe Island, Malawi).

39

Aulonocara jacobfreibergi
Feenbuntbarsch

Größe:
10 bis 12 cm

Aquariengröße:
200 Liter

Ernährung:
Kleintiere

Lebensraum:
Felsgrund, Höhlen

Verbreitung:
weite Verbreitung,
häufig an den südlichen
Küsten bei Cape
Maclear.

Der Feenbuntbarsch hat eine weite Verbreitung im Malawisse, die meisten Exemplare wurden ursprünglich aber im Süden bei Cape Maclear gefangen. Diese Küsten sind aber bereits in den 1980er-Jahren zum Unterwassernationalpark erklärt worden, in dem keine Fische mehr gefangen werden dürfen. Deshalb befinden sich im Handel fast ausschließlich Nachzuchten.

Im natürlichen Lebensraum bewohnt der Jacobfreibergi Höhlen oder großräumige Unterstände in der Felszone. Im Aquarium verhält er sich dagegen ähnlich wie andere Kaiserbuntbarsche. Er legt seine versteckte Lebensweise rasch ab und schwimmt munter umher. Dennoch ist bei der Vergesellschaftung zu be-

rücksichtigen, dass *A. jacobfreibergi* nicht mit aggressiven Mbunas um Reviere konkurrieren kann und deshalb am besten mit ruhigeren Nicht-Mbunas vergesellschaftet werden sollte.

Bemerkenswert ist, dass die Männchen schleierartige Verlängerungen der unpaaren Flossen entwickeln können. Je nach Population variiert der Anteil der gelben bis rötlichen Pigmente der dominanten Männchen erheblich (Standortvarianten). Hinzu kommt eine individuelle Variabilität. Im Laufe der Jahre wurden Aquarienstämme gezüchtet, die insgesamt regelrecht orange bis rot erscheinen. Eine solche Zuchtform ist der sogenannte „Eureka".

Nahe verwandte Arten sind *A.* sp. „Mamelela" (von Undu Point in Tansania) und *A.* sp. „Walteri" von Likoma. Die grau bis braun gefärbten Weibchen all dieser Buntbarsche sind sich sehr ähnlich.

Die rote Zuchtform wird als „Eureka" gehandelt.

Aquarienexemplare mit nur geringen rötlichen Pigmenten wirken eher bläulich bis rosafarben.

Weibchen sind unscheinbar grau bis braun.

41

Copadichromis borleyi
Red Fin, Kadango

Größe:
15 bis 17 cm

Aquariengröße:
600 Liter

Ernährung:
Plankton

Lebensraum:
Felsgrund

Verbreitung:
Seeweite Verbreitung. Die als Kadango bezeichneten Exemplare stammen aus dem Küstenbereich nahe der gleichnamigen Ortschaft.

C. borleyi zählt zu den am häufigsten in der Felszone anzutreffenden Vertretern seiner Gattung. Typisches Kennzeichen der geschlechtsreifen Männchen sind die sehr lang ausgezogenen, mitunter bis zum hinteren Teil der Afterflosse reichenden Bauchflossen.

Eindrucksvoll ist die Prachtfärbung der dominanten Männchen: Der Kopf ist leuchtend blau und die Flanken tragen kräftig gelbe Pigmente. Die Rückenflosse zeigt einen breiten weißblauen Saum, die Afterflosse ist meist gelb. Die Weibchen sind unscheinbar silbrig bis dunkelgrau. An ihnen und den Jungtieren sieht man das Zeichnungsmuster, bestehend aus mehr oder weniger deutlich ausgeprägten drei, manchmal nur zwei dunklen Flecken.

Eine besonders auffällige Population lebt an der Südostküste nahe der Ortschaft Kadango. Jungtiere und Weibchen haben orange After- und Bauchflossen, worauf der Handelsname „Red Fin" zurückgeht. Das Zeichnungsmuster fehlt fast ganz. Die Männchen sind auf den Flanken nicht gelblich, sondern orange bis fast rot. Der Kadango ist eine aquaristisch sehr beliebte geografische Variante von *C. borleyi*.

In kleinen Aquarien ist es ratsam, ein Männchen mit mehreren Weibchen zu pflegen. In großen Becken kann man gemischte Gruppen halten, die einen imponierenden Anblick bieten. Der Kadango ernährt sich im Freiland überwiegend von Plankton, im Aquarium wird jegliches Ersatzfutter gierig angenommen.

Da die Art häufig gezüchtet wird, sind regelmäßig preiswerte Nachzuchten im Handel verfügbar.

Es gibt auch Populationen, in denen die Weibchen gelbe Flossen aufweisen (sog. „Gold Fin").

42

Ca. 17 cm großes Nachzucht-Männchen.

Weibchen tragen rötliche Pigmente in den Flossen.

In großen Aquarien lässt sich die Art auch als Gruppe pflegen.

43

Cyrtocara moorii
Delfinbuntbarsch

Größe:
20 bis 25 cm

Aquariengröße:
600 Liter

Ernährung:
Kleintiere

Lebensraum:
Sandgrund und gemischte Sand-Fels-gründe

Verbreitung:
Seeweit, nirgends häufig.

Der Delfinbuntbarsch streift in der Regel einzeln über gemischte Fels-Sand- und auch reine Sandgründe. Die Art ernährt sich vor allem von Kleintieren, die im Sand leben. Um möglichst leicht an seine Beute zu gelangen, hat sich *C. moorii* darauf spezialisiert, einem Sandsieber, also einem der im Sand nach Nahrung wühlenden Buntbarsch, zu folgen. Häufig handelt es sich bei dem Sandsieber um *Taeniolethrinops praeorbitalis*. Dieser Buntbarsch taucht auf der Suche nach Nahrung bis weit über die Augen in den Sand ein und wirbelt dabei eine Menge Sand und Mulm auf. Der Delfinbuntbarsch hält sich dicht bei ihm auf und schnappt die Kleintiere, die durch das Wühlen aufgescheucht werden. Andere Fische, die durch die Mulmwolken angelockt werden und ebenfalls darin

Futter suchen wollen, werden vom Delfinbuntbarsch energisch weggebissen. Er betrachtet den Praeorbitalis ganz offensichtlich als seinen persönlichen Bagger.

Obwohl *C. moorii* in der Natur ein Einzelgänger ist, empfiehlt sich die Haltung einer kleinen Gruppe. Am besten schafft man eine Gruppe Jungtiere an, die gemeinsam in einem Aquarium heranwachsen. Da Männchen und Weibchen gleich gefärbt sind, lassen sich die Geschlechter bei jüngeren Exemplaren kaum erkennen. Im Alter zeigen die Männchen einen kräftigeren Stirnbuckel und ausgezogene After- und Rückenflossen.

Geschlechtsreife Männchen bekämpfen sich manchmal heftig, so dass man gegebenenfalls überzählige Männchen entfernen muss. Das hängt aber stark vom Naturell des dominanten Männchens ab. Nicht alle Männchen sind so aggressiv. Da die Art recht langsam wächst, dauert es einige Jahre, bis eine Größe von über 20 Zentimetern erreicht wird. Im Aquarium lässt sich die Art leicht mit den üblichen Ersatzfuttersorten ernähren.

Kapitales Männchen im Aquarium.

Maulbrütendes Weibchen.

Ein Trupp Halbwüchsige im Aufzuchtbecken.

Non-Mbuna

45

Protomelas taeniolatus
Red Empress

Größe:
12 bis 16 cm

Aquariengröße:
600 Liter

Ernährung:
Aufwuchs und Plankton

Lebensraum:
Felsgrund

Verbreitung:
Weite Verbreitung im See. Besonders schön gefärbte Männchen an der Insel Namalenji in der Senga-Bucht (mittlere Westküste nahe Salima).

Die Farbform von *P. taeniolatus* bewohnt die felsige Uferzone der Insel Namalenji. Die Männchen leben standorttreu und verteidigen Reviere vor allem gegen artgleiche Männchen.

P. taeniolatus ist ein lebhafter Buntbarsch, dessen Weibchen in der Regel etwas kleiner bleiben. Die Art ernährt sich von Aufwuchs und Plankton. Im Aquarium sind sie Allesfresser und einfach nachzuzüchten.

Das Zeichnungsgrundmuster besteht aus zwei dunklen Längsstreifen und einigen Querbinden, die allerdings individuell recht unterschiedlich ausgeprägt sind. Junge Exemplare sowie Weibchen tragen das Zeichnungsmuster deutlich sichtbar auf weißlichem bis grau-

em Grund. Dominante Männchen zeigen einen blauen Kopf und intensiv rötlich gefärbte Flanken. Die roten Flanken sind typisch für die Männchen der Namalenji-Population.

In den 1970er- und 1980er-Jahren ist die Art fälschlich als *Copadichromis boadzulu* identifiziert worden. Dies ist aber ein ganz anderer Buntbarsch, so dass es höchst verwunderlich ist, wieso es zu dieser Verwechselung gekommen ist. Bis heute ist die irreführende Bezeichnung „Boadzulu" noch nicht vollständig aus dem Handel verschwunden.

Bei der *P.-taeniolatus*-Population von der Mbenji-Inselgruppe (mittlere Westküste) sind die Männchen insgesamt kräftig stahlblau; auch von dieser Population sind häufig Exemplare importiert worden. Die Weibchen der verschiedenen Populationen lassen sich kaum unterscheiden.

46

Ausge-
wachsenes
Männchen.

Nach der Fütterung wird
der Bodengrund nach
Resten durchsucht.
Hinten ein Weibchen
sowie einige *Labido-
chromis* sp. „Yellow"

47

Sciaenochromis fryeri
Azurcichlide

Dominante Männchen erstrahlen förmlich in einem herrlichen Blau. Die Weibchen sind dagegen, wie bei vielen Malawiseebuntbarschen, einheitlich grau bis braun. Eigentlich ist der Azurcichlide ein Raubfisch, der ruhelos in der Fels- und gemischten Sand-Felszone umherstreift, stets auf der Suche nach kleinen Fischen. Dann schießt er in die Jungfischgruppe, die ein maulbrütendes Weibchen freigesetzt hat, hinein, um rasch mit seiner Beute wieder zu entschwinden, noch bevor das brutpflegende Weibchen ihn attackieren kann.

Im Aquarium ist das anders, da stellt sich *S. fryeri* schnell auf die übliche Ersatznahrung ein und würdigt kleinere Fische kaum noch eines Blickes. Bemerkenswert ist, dass vor allem Nachzucht-Männchen nur eine geringe innerartliche Aggressivität zeigen. Das bedeutet, dass man leicht eine gemischte Gruppe mit mehreren ausgefärbten Männchen auch in kleineren Becken halten kann. Wegen ihrer nur geringen Aggressivität ist die Art sehr gut für eine Aquarienpflege geeignet. Die Vermehrung ist einfach, Nachzuchten werden regelmäßig gehandelt.

Mitunter treten Männchen auf, die eine weißliche Stirnblesse tragen. Aus diesen Exemplaren wurden Aquarienstämme gezüchtet, bei denen sich die weißliche Zeichnung über den halben Körper erstreckt. Diese Zuchtform wird als „Iceberg"-Azurcichlide bezeichnet.

Aufgrund einer früheren Verwechselung wird der Azurcichlide mitunter auch heute noch fälschlich als „Ahli" angesprochen, *Sciaenochromis ahli* ist aber eine andere Art.

Männchen mit stark ausgeprägter weißer Blesse.

Weibchen sind unscheinbar grau-braun.

Die rein weiße Zuchtform wird als „Iceberg-Azurcichlide" in den Handel gebracht, hier ein Männchen mit zwei Weibchen.

49

Gefleckte Kaiserbuntbarsche
Firefish und andere Hybriden

Bereits in den 1980er-Jahren wurden Aquarienstämme von bestimmten Kaiserbuntbarschen gezüchtet. Die bekannteste Züchtung war der sogenannte Rote Kaiser (*Aulonocara* „Red"), eine Zuchtform von *Aulonocara baenschi* (Maleri- beziehungsweise Chipoka-Population), die durch besonders intensive rote Pigmente auffiel.

Etwas später wurde eine intensiv rote Form von *Aulonocara jacobfreibergi* gezüchtet, die als „Eureka" vermarktet wurde. Es ist hervorzuheben, dass die oben genannten Zuchtformen keine Kreuzungen zwischen verschiedenen Arten darstellen, sondern durch Auslesezucht innerhalb einer natürlichen Art entstanden.

Ende der 1990er-Jahre tauchten dann gefleckte Kaiserbuntbarsche im Handel auf, die nach Mitteilung der Händler aus Asien eingeführt wurden. Es stellte sich heraus, dass es sich um Kreuzungen aus Kaiserbuntbarschen mit der gefleckten OB-Morphe eines Zebraartigen handelte. Manche Nachkommen dieser Hybriden (Bastarde) entwickelten sich sehr unterschiedlich; an einigen konnte man die rundliche Zebra-Kopfform gut erkennen, so dass klar wurde, dass neben einem Kaiserbuntbarsch ein Vertreter der Zebra-Gruppe (*Maylandia estherae*?) die andere Ausgangsart gewesen sein musste.

Die gefleckten Hybriden konnten gut vermarktet werden, so dass in

Die rein rote Bastardform wird als „Firefish" vermarktet.

Non-Mbuna

der Folgezeit verschiedene weitere Hybriden „kreiert" wurden. Dabei wurden weitere, vorzugsweise besonders farbenprächtige Arten untereinander und/oder mit Kaiserbuntbarschen gekreuzt. Nicht selten wurden albinotische Formen eingekreuzt. Es entstanden Bastarde, die unter verschiedenen Fantasiebezeichnungen in den Handel gebracht wurden. Die bekannteste ist ein sehr kräftig rot gefärbter Kaiserbuntbarsch-Abkömmling, der als „Firefish" (Feuerfisch) vermarktet wird.

Weitere Kreuzungen entstammten Mischungen aus *Sciaenochromis fryeri*, *Otopharynx lithobates* und *Aulonocara jacobfreibergi*, die untereinander oder mit verschiedenen Kaiserbuntbarschen hybridisiert wurden. Es ist darauf hinzuweisen, dass die aus der „klassischen" Biologie bekannte Regel, wonach man aus Kreuzung von „guten" Arten keine lebensfähigen Nachkommen erzeugen kann, bei engverwandten Buntbarschen keine Gültigkeit hat. Es ist von Malawiseebuntbarschen bekannt, dass man unter sogenanntem sexuellem Notstand (bei Vorenthalten eines artgleichen Geschlechtspartners) selbst Arten aus unterschiedlichen Gattungen leicht kreuzen kann und dabei vermehrungsfähige Mischlinge (Hybriden) erhält.

51

Die in diesem Abschnitt vorgestellten Mischlinge haben nicht mehr viel mit den natürlich vorkommenden Arten gemeinsam. Es sind vielmehr Kunstprodukte aus Menschenhand. Die sehr imposanten, bunten Färbungen dürfen nicht darüber hinwegtäuschen, dass es sich um unnatürliche Farbgebungen ohne irgendeinen biologischen Sinn oder Hintergrund handelt. Wer sich dessen bewusst ist und sich allein an den bonbonbunten Farben erfreut, möge dies tun. Der Verkauf dieser Kunstprodukte als eigenständige Arten, womöglich noch mit verkaufsfördernden, erfundenen Fundortangaben oder gar als Wildfänge, ist dagegen nichts anderes als Betrug am ahnungslosen Aquarianer und deshalb strikt abzulehnen.

Das Aquarium

Größe

Ein Aquarium mit einem Fassungsvermögen von rund 200 Litern gilt in der Regel als untere Grenze für die Haltung von Malawisee-Cichliden. Größer ist, wie man sich leicht vorstellen kann, immer besser. Wenn man sich aber auf nur eine oder wenige, klein bleibende und friedfertige Arten (z. B. manche Vertreter der Gattungen *Labidochromis*, *Aulonocara* oder *Lethrinops*) beschränkt, ist eine Pflege von Malawiseebuntbarschen auch in kleineren Behältern ohne Weiteres möglich. Ein *Aulonocara*-Männchen und

drei bis vier Weibchen sind, wie die Erfahrung zeigt, schon mit recht wenig Platz zufrieden und fühlen sich wohl. Das heißt, die Fische zeigen sich in ihren schönsten Farben, sie laichen regelmäßig ab und leben viele Jahre. Daraus darf man schließen, dass es den Pfleglingen gut geht. Die Größe des Aquariums ist also auch von den gehaltenen Arten und deren Anzahl abhängig. Weiterhin liegt auf der Hand, dass man besonders lebhafte oder aggressive Arten selbstverständlich in größeren Behältern pflegen sollte.

links:
Drei Männchen von *Aristochromis christyi, Protomelas* sp. „Spilonotus Tanzania" und ein Weibchen von *Fossorochromis rostratus* blicken neugierig auf den Fotografen.

Kleine Fische für kleine Aquarien: *Labidochromis freibergi* zählt mit nur etwa 7-8 cm zu den Zwergcichliden des Malawisees.

Die Vertreter der Gattung *Lethrinops* gelten als vergleichsweise friedfertige und wenig durchsetzungsfähige Buntbarsche. Dieser *L.* sp. „Katoto" (auch: *L.* sp. „Albus Kande") ist etwa 8 cm groß.

In den allermeisten Fällen sind Malawiseeaquarien Gemeinschafts- oder Gesellschaftsbecken. Das heißt, es wird eine Anzahl verschiedener Arten miteinander vergesellschaftet. Dies entspricht auch der Lebensweise im Malawisee, wobei hier aber gesagt werden muss, dass sich ein Artbecken grundsätzlich am besten dazu eignet, die natürlichen, artspezifischen Verhaltensweisen zu beobachten. Das liegt daran, dass in einem Gemeinschaftsbecken immer die Möglichkeit besteht, dass eine Art durch kräftigere, aggressivere Mitinsassen unterdrückt wird (mehr dazu im Kapitel Vergesellschaftung).

In Zahlen bedeutet das: Ein 400 bis 500 Liter großes Aquarium stellt eine gute Größe für die Pflege der meisten handelsüblichen Malawiseebuntbarsche dar. Ein solches Aquarium bietet den Vorteil, dass man problemlos mehrere Malawiseebuntbarscharten miteinander vergesellschaften kann. Wer in der glücklichen Lage ist, über ein 1.000-Liter-Aquarium zu verfügen, der hat selbstverständlich noch viel mehr Möglichkeiten zur Pflege und Vergesellschaftung dieser lebhaften und farbenprächtigen Cichliden. Außerdem kann man in einem solch großen Becken umso besser einen Ausschnitt des Malawisees nachgestalten.

56

Bodengrund

Malawiseebuntbarsche kann man über vielen Untergründen antreffen. Felsenbuntbarsche leben, der Name sagt es, zumeist an und über Felsen. Ihnen würde es somit gar nichts ausmachen, wenn das Aquarium statt eines Kies- oder Sandbodengrundes mit flachen Steinplatten ausgelegt wäre. Dies gilt im Prinzip für alle Felsbewohner.

Trotzdem sprechen gute Gründe dafür, dass man ein Malawisee-Aquarium mit einer mindestens fünf bis sechs Zentimeter dicken Schicht aus nicht zu hellem Sand ausstatten sollte. Es gibt beispielsweise eine Reihe von Nicht-Mbunas, die aufgrund ihrer Ernährungs- oder Fortpflanzungsweise mehr oder weniger auf sandigen Untergrund angewiesen sind. *Lethrinops*-, *Aulonocara*-, aber auch manche *Copadichromis*- und *Nyassachromis*-Arten suchen ihre Nahrung im Sandgrund. Wer seine Fische mal einen Tag lang hungern lässt, wird diese natürliche Ernährungsweise beobachten können: Dann wühlen und graben die Bunt-

Fossorochromis rostratus zählt zu den Sandsiebern. Insbesondere nach der Fütterung wird der Bodengrund gerne umgeschaufelt, um auch noch die letzten Futterreste zu ergattern.

57

barsche in den freien Sandflächen nach Nahrung. Oftmals wird nach der Fütterung im Untergrund gewühlt, um Futterreste aufzustöbern.

Viele Arten aus diesen Gattungen sowie auch einige weitere Nicht-Mbunas legen zur Laichzeit eindrucksvolle Sandkrater oder regelrechte Sandburgen an, die als Laichplatz und imposanter Mittelpunkt des Reviers dienen. Wer solche Arten pflegt, sollte schon eine möglichst dicke Schicht Sand einbringen, damit die revierbildenden Männchen wenigstens eine kleine Sandburg bauen

können. Auch viele Mbuna-Männchen neigen dazu, Höhlen dadurch zu erweitern, dass der Bodengrund unter den Steinen herausgebuddelt wird, oder sie legen kleine Mulden an.

Für Malawiseebuntbarsche ist eine Bodengrundkörnung von ein bis zwei Millimetern ausreichend fein und gut zum Graben und Buddeln geeignet. Eine geringere Körnung ist nicht zu empfehlen, weil sich sehr feiner Sand leicht im Scheibenreiniger (Schwamm) festsetzen kann, so dass unschöne Glaskratzer die Folge sind.

links:
Mbunas, die Felsencichliden des Malawisees, leben oftmals über nackten Felsoberflächen und sind deshalb nicht auf einen bestimmten Bodengrund angewiesen.

Dagegen kommt *Placidochromis electra* im natürlichen Lebensraum meist über weiten Sandflächen vor.

59

Einrichtung

Mbuna-Gesell-schaftsaquarien (unten und rechts): Durch leichten Überbesatz werden Aggressionen der dominanten Männchen gut verteilt.

Die Lebensräume der meisten im Aquarium gepflegten Malawisee-buntbarsch-Arten sind durch felsige oder gemischte Sand-Fels-Unter-gründe charakterisiert. Daneben sind aber auch Sand- und Pflanzen-biotope vertreten.

Ein Aquarium für Felsenbuntbar-sche wird man überwiegend mit Steinen in Form von Steinaufbauten einrichten, wobei man eine Anzahl von Unterständen und größeren Höhlen als Reviermittelpunkte für die Männchen bauen sollte. Dane-

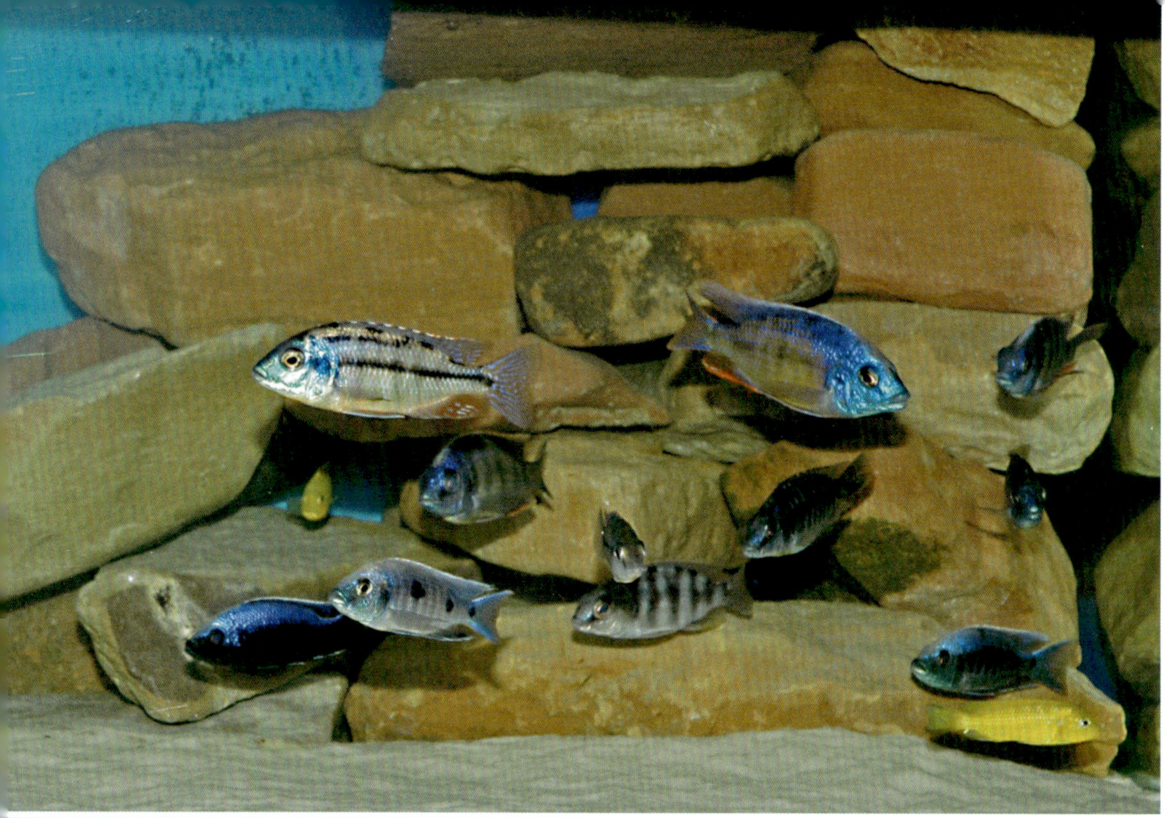

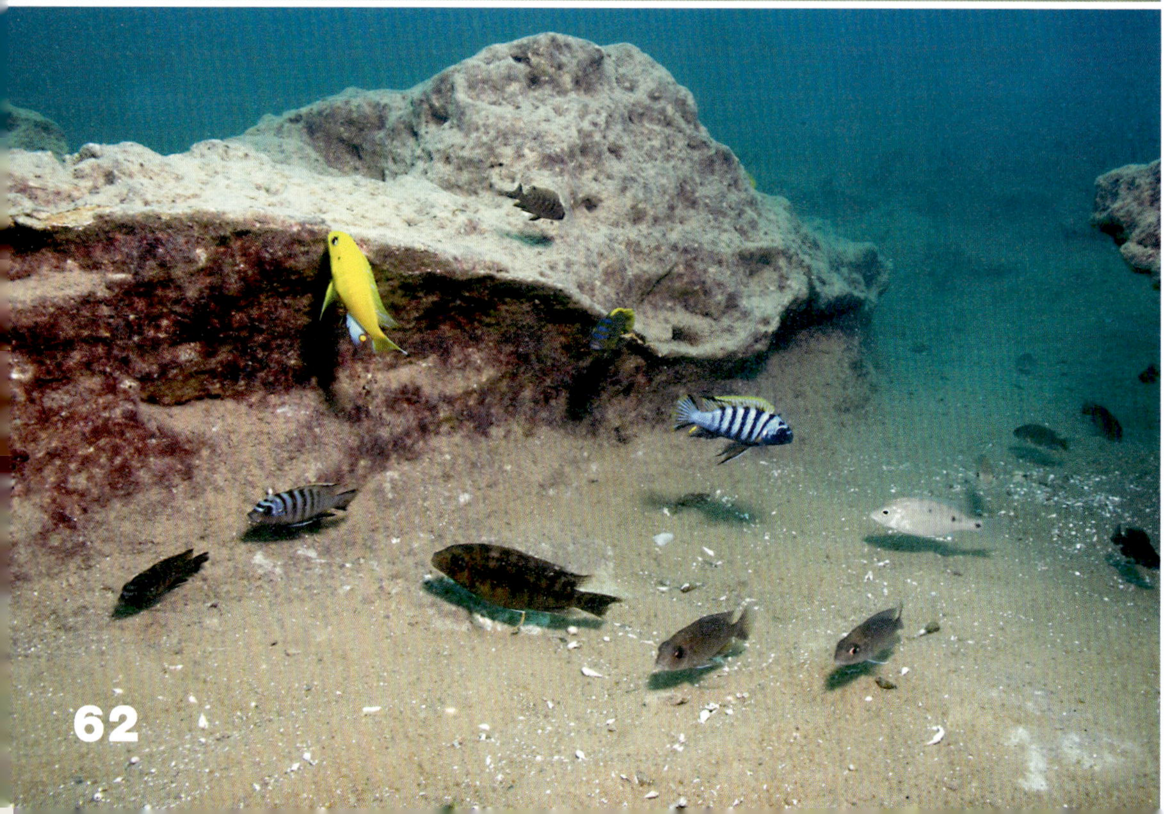

ben ist es sinnvoll, viele kleinere Verstecke zu schaffen, in die sich unterlegene Fische oder maulbrütende Weibchen zurückziehen können. Die Steinaufbauten sollten zumindest an einigen Stellen bis an die Oberfläche reichen. Dies ist vor allem in schwach besetzten Becken wichtig, da Malawiseebuntbarsche ansonsten zum Teil scheu sind und nur im unmittelbaren Bereich der Steinaufbauten schwimmen. Der obere Bereich des Aquariums würde somit nicht genutzt. Bei reichlichem Besatz tummeln sich dagegen vor allem Felsenbuntbarsche überall und unabhängig von der Einrichtung im Aquarium. Dann sind sie nicht ängstlich, da sie stets Mitinsassen um sich herum sehen, was ihnen offenbar signalisiert, dass keine Gefahr droht.

Im Zoofachhandel werden unterschiedlichste Steinsorten vom abgerundeten Flusskiesel über Schiefergestein bis zum „jugoslawischen Lochgestein" angeboten. Aber auch Steine vom Feldrand, aus Steinbrüchen sowie vom Strand an der Ostsee hat der Verfasser in seinen Aquarien verwendet. Es versteht sich von selbst, dass man diese Natursteine gründlich unter fließendem Wasser reinigen sollte. Auskochen ist jedoch nicht nötig.

Häufig wird zur Dekoration von Malawisee-Aquarien Lochgestein verwendet. Dieses meist sehr helle Gestein bietet aufgrund der zahlreichen Löcher und Hohlräume kleinen Fischen Versteckmöglichkeiten und sieht dabei skurril aus. Derartige Steine kommen im Malawisee aber nicht vor. Wer die Lebensräume im Malawisee einmal gesehen hat, wird weißes Lochgestein in einem Malawisee-Aquarium als unnatürlich oder sogar als Fremdkörper empfinden. Letztlich ist es aber Geschmackssache.

Ebenfalls beliebt sind Lavasteine. Sie sind meist recht porös und sehr leicht, was die Bodenscheibe besonders bei großen Steinaufbauten entlastet und das Dekorieren erleichtert. Allerdings sind sie in der Regel dunkelrot bis braun, also eher düster, was dem Aquarium eine relativ dunkle Note verleiht und nicht jedermanns Geschmack ist.

links von oben:
Ein Aquarium mit Non-Mbunas sollte weniger dicht besetzt sein als ein Behälter mit Mbunas.

Lebensgemeinschaft über gemischtem Untergrund bei Hara Reef (südlich Chilumba, Malawi).

Aulonocara jacobfreibergi, fotografiert bei Otter Point (Cape Maclear, Malawi). Artbeschreibung auf S. 40.

63

Pflanzen

Mit Pflanzen bestandene Lebensräume sind nicht selten im Malawisee. Die Aufnahmen zeigen verschiedenen Zonen im flachen Wasser der Fig-Bucht vor Likoma (Malawi).

In den Felsbiotopen kommen kaum einmal Pflanzen vor. Sieht man davon ab, dass ein Mbuna-Becken mit dem üblichen Aquariengrün weniger naturnah wirkt, spricht aber nichts dagegen, Pflanzen einzusetzen. Felsenbuntbarsche sind zwar in der Mehrheit Aufwuchsfresser, dennoch werden robuste Pflanzen kaum angetastet. Bewährte Pflanzen für Malawisee-Aquarien sind Riesenvallisnerien, *Anubias*, Javafarn und die sogenannte Hammerschlag-*Cryptocoryne* (*C. aponogetifolia* bzw. *C. uste-*

riana). Aber auch feinfiedriges Grün, wie das schnellwüchsige Hornkraut (*Ceratophyllum demersum*) oder Wasserfreund (*Hydrophila*) können eingesetzt werden.

Wichtig ist natürlich, dass die Pflanzen gute Wachstumsbedingungen vorfinden, damit sie nicht kümmern und gelegentliche Fraßspuren wieder auswachsen. Bei genügender Versorgung mit Nährstoffen (Eisendünger) und Kohlenstoffdioxid (CO_2) muss man auch im Malawisee-Aquarium regelmäßig Pflanzen auslichten, da-

64

mit der Schwimmraum der Fische nicht zu sehr eingeengt wird.

Bei der Pflege von überwiegend sandgrundbewohnenden Malawisee-buntbarschen runden Pflanzen dagegen das Bild vom naturnahen Lebensraum ab. Wer das Becken „biotopgerecht" einrichten möchte, setzt Vallisnerien oder Hornkraut ein.

Pflanzen sind aber kein Muss in einem Becken mit Malawisee-Cichliden, unabhängig davon, welche Buntbarsche aus dem See gehalten werden. Für die Wasserqualität sind sie nicht unbedingt nötig, da man mit entsprechender Filterung und regelmäßigem Teilwasserwechsel (sie-

he S. 79) die benötigte Wassergüte leicht erreichen kann. Somit ist die Beantwortung der Frage, ob man in einem Malawisee-Aquarium Pflanzen einbringen sollte, weniger von der Überlegung abhängig, ob sich die Fische dabei wohlfühlen, sondern vielmehr, ob sich der Pfleger wohl fühlt.

Gutes Pflanzenwachstum ist bekanntermaßen das beste Mittel gegen Algen. Wahrscheinlich liegt das weniger an einer Nährstoffkonkurrenz, sondern vielmehr an „Abwehrstoffen", die höhere Pflanzen ausscheiden und mit denen sie effektiv verhindern, dass sie von Algen überwuchert werden (Allelopathie).

Vergesellschaftung

Grundsätzlich ist es am besten, die beiden großen Gruppen, Mbuna und Nicht-Mbuna, ausschließlich untereinander zu vergesellschaften. Das gilt insbesondere für kleinere Malawisee-Aquarien. In größeren Becken (ab etwa 500 Liter Inhalt) ist es durchaus möglich, Arten aus diesen beiden Gruppen zusammen zu halten. Mbunas sind generell durchsetzungsfähiger. Gleichgroße (und manchmal sogar wesentlich größere) Nicht-Mbunas haben meist keine Chance gegen Mbunas, wenn es um Revierverteidigung und andere Auseinandersetzungen geht. Nicht-Mbunas gehen in einem stark mit Mbunas besetzten Malawiseeaquarium regelrecht unter; sie können kein Plätzchen für sich behaupten und verkümmern über kurz oder lang.

Nachfolgend sind einige Vorschläge zum Besatz eines Malawisee-Gesellschaftsaquariums aufgeführt. Diese sind allerdings nur Anhaltspunkte. Das Problem bei jedem Besatz besteht darin, dass es prinzipiell bei allen Arten große individuelle Unterschiede gibt. Das bedeutet, dass es beispielsweise beim Türkisgoldbuntbarsch (*Melanochromis auratus*) Männchen mit stark unterschiedlich ausgeprägtem Aggressionsverhalten gibt, was im Übrigen auch die Weibchen betrifft. Das ist die Erklärung dafür, dass in einem Fall eine Gesellschaft problemlos funktioniert, in einem anderen Fall überhaupt nicht.

Vielfach wird empfohlen, ein Männchen mit mehreren Weibchen zu pflegen. Das ist grundsätzlich richtig. In größeren Aquarien ist es dagegen empfehlenswert, jeweils eine kleine Gruppe einer Art zu pflegen. Dies entspricht übrigens auch mehr der natürlichen Lebensweise vieler Malawiseebuntbarsche.

Protomelas sp. „Spilonotus Tanzania": Von den großen Non-Mbuna lassen sich mehrere Männchen einer Art oftmals nur in sehr großen Aquarien langfristig halten.

Protomelas sp. „Spilonotus Tanzania": Von den großen Non-Mbuna lassen sich mehrere Männchen einer Art oftmals nur in sehr großen Aquarien langfristig halten.

Männchen (oben) und Weibchen von *Pseudotropheus saulosi*: Diese Art bleibt mit etwa 7-9 cm zwar sehr klein, die Männchen sind aber dennoch sehr durchsetzungsfähig.

Gruppenhaltung

Der Verfasser hat die besten Erfahrungen dann gemacht, wenn eine Gruppe, bestehend aus etwa sechs bis acht oder sogar zehn halbwüchsigen Exemplaren, eingesetzt wurde und gemeinsam aufwachsen konnte. In größeren Aquarien können dann oftmals mehrere Männchen nebeneinander kleine Reviere behaupten. In solchen Fällen sind die Männchen untereinander mit Drohgebärden und Imponiergehabe beschäftigt; sie zeigen sich dann stets in ihren schönsten Farben – und die Weibchen haben viel mehr Ruhe, da die Männchen anderweitig beschäftigt sind.

Bei Mbunas ist ein sogenannter kontrollierter Überbesatz sinnvoll. Dadurch werden die Aggressionen besser verteilt. Ein einzelnes Weibchen oder unterlegenes Exemplar steht somit viel weniger unter Stress. Als Faustregel kann für Mbunas bis etwa zehn Zentimeter Körperlänge gelten: **Ein Zentimeter Mbuna pro Liter Wasser!**

Das bedeutet im Falle eines 300-Liter-Aquariums (120 x 50 x 50 cm), dass man zum Beispiel sechs *Maylandia callainos*, acht *Labidochromis* „Yellow", sechs *Pseudotropheus* sp. „Acei" und acht *Melanochromis johannii* einsetzen könnte. Sollten diese Buntbarsche allerdings im Laufe der Zeit durch reichliche Fütterung deutlich größer als zehn Zentimeter werden, ist das Becken zu voll, und es müssen Fische abgegeben oder ein größeres Aquarium angeschafft werden.

Nicht-Mbunas hält man bei geringerer Besatzdichte. Sie sind tendenziell weniger aggressiv als Mbunas, so dass die Verteilung von Aggressionen nicht so wichtig ist. Man könnte das eben genannte 300-Liter-Aquarium zum Beispiel mit sechs *Aulonocara baenschi*, sechs *Sciaenochromis fryeri* (Azurcichliden) und einem Männchen/drei Weibchen *Copadichromis borleyi* (Kadango) besetzen.

Für besonders aggressive Arten hat sich die Erkenntnis durchgesetzt, dass man diese am besten paarweise oder in größeren Gruppen hält („ganz wenige oder ganz viele").

Pseudotropheus saulosi (die gelben Buntbarsche), *P. socolofi* (hellblau) und *P.* sp. „Elongatus Mpanga" (gestreift) wurden jeweils gruppenweise in dieses Mbuna-Gemeinschaftsaquarium eingesetzt (bei dem roten Cichliden handelt es sich um ein Weibchen von *Maylandia estherae*).

71

Wasserpflege

rechts:
Dieses vollge-
färbte Männchen
von Protomelas
sp. „Fenestratus
Taiwan" fühlt sich
augenscheinlich
sehr wohl in
seinem Element.

Wer wüsste es
besser als die
Einheimischen:
Auf die Wasser-
qualität kommt
es an!

Welches Wasser ist geeignet?

„Malawiseebuntbarsche brauchen hartes Wasser". Diese Wandersage der Aquaristik ist offenbar nicht tot zu kriegen. Tatsache ist, dass das Wasser des Malawisees weich ist. Die Konzentration der sogenannten Härtebildner Kalzium und Magnesium ist sehr gering, die daraus resultierende, sogenannte Gesamthärte liegt nur bei etwa 3 bis 4 °dH (dH = deutsche Härte).

Das Besondere am Malawisee ist die recht hohe Karbonathärte (7 bis 8 °dH), was daran liegt, dass viel Natriumkarbonat im Wasser enthalten ist. Die Folge ist ein hoher pH-Wert im Bereich von etwa 7,8 bis 8,2. Das Wasser des Malawisees ist somit alkalisch (basisch). Malawiseebuntbarsche benötigen also kein hartes Wasser. Sie sind aber an einen hohen pH-Wert angepasst.

72

In Deutschland ist es meist so, dass weiches Wasser auch eine niedrige Karbonathärte und demzufolge einen niedrigen pH-Wert hat. Das liegt an der geologischen Beschaffenheit des Untergrundes, die das Grundwasser beeinflusst. Etwa 70 Prozent des Trinkwassers werden aus Grundwasser gewonnen. Hartes Wasser hat in Deutschland dagegen in der Regel auch einen hohen pH-Wert von über 7,5 und ist deshalb für Malawisee-Cichliden gut geeignet. Die hohe Wasserhärte schadet im Übrigen keineswegs, wie die Erfahrungen in Gebieten zeigen, in denen sehr hartes Wasser mit Gesamthärten von 25 bis 35 °dH vor-

liegt. Sofern das örtliche Trinkwasser aus Talsperren oder Quellen stammt, ist die Wahrscheinlichkeit hoch, dass es sich um weiches Was-

Mit Spezialsalzmischungen kann aus Leitungswasser das Wasser der afrikanischen Grabenbruchseen kopiert werden.

Im Prinzip reicht es aus, wenn man den pH-Wert und die Karbonathärte seines Leitungswassers kennt.

Hinweis: Bei Neueinrichtung eines Aquariums beziehungsweise beim Einfahren eines neuen Filters ist es sehr wichtig, die Nitrit-Entwicklung im Wasser zu kennen und zu überwachen.

Oft finden sich im Leitungswasser hohe Silikatmengen (SiO_2), die zu unschönen braunen Bodenbelägen führen (Kieselalgen). Mit Hilfe eines Silikattests können Silikatprobleme ausfindig gemacht und durch einen Silikatentferner gelöst werden.

74

ser mit niedriger Gesamt- und/oder niedriger Karbonathärte handelt, welches einen pH-Wert unterhalb von pH 7,0 aufweist. Das wäre nicht günstig. Es gibt aber im Handel Präparate, mit denen die Karbonathärte und infolgedessen der pH-Wert angehoben werden können, so dass man nicht auf die Pflege von Malawisee-Cichliden verzichten muss.

Wasserversorger gibt Auskunft

Informationen über Härte und pH-Wert des Leitungswassers erhält man beim örtlichen Wasserversorger. Meist sind das die Stadtwerke. Im aquaristischen Fachhandel gibt es einfach durchzuführende Tropftests, mit de-

nen man innerhalb von wenigen Sekunden den pH-Wert sowie die Gesamt- und Karbonathärte selbst bestimmen kann. Die Genauigkeit dieser preiswerten Schnelltests ist für unsere Zwecke völlig genügend.

Im Prinzip reicht es aus, wenn man den pH-Wert und die Karbonathärte seines Leitungswassers kennt. Da sich vor allem der pH-Wert des Aquarienwassers im Laufe der Zeit ändern kann, ist es sinnvoll, einen pH-Schnelltest im Schrank zu haben. So kann man mal rasch nachmessen, wenn die Fische Unwohlsein zeigen. Ansonsten hilft zur Sicherheit (auch ohne Messung) meist ein ordentlicher Teilwasserwechsel von 50 bis 70 Prozent.

Eine Gruppe von halbwüchsigen *Pseudotropheus saulosi* in ihrem natürlichen Lebensraum bei Taiwan-Riff (Chisumulu, Malawi). Zwei junge Männchen befinden sich in der Umfärbephase.

75

Zusammengefasst kann man sagen, dass Malawiseebuntbarsche gut bei einem pH-Wert von etwa 7,5 bis 8,5 gehalten werden können. Niedrigere pH-Werte sind nicht günstig, auch wenn sich diese Cichliden bei allmählich fallendem pH auch an erstaunlich niedrige Werte anpassen können. Zu empfehlen ist so etwas aber nicht. Die Gesamthärte ist im Rahmen der meisten Leitungswässer nicht von Bedeutung.

Ebenfalls wichtig ist die Karbonathärte (KH). Diese sollte idealerweise bei ungefähr 7 bis 10 °dH liegen. Eine höhere KH ist für die Fische aber nicht schädlich, solange der pH-Wert im oben genannten Bereich liegt. Allerdings steht bei hoher KH weniger freies Kohlenstoffdioxid zur Verfügung, so dass die Pflanzen nicht so schnell wachsen.

Da die KH den pH-Wert abpuffert, fällt bei geringer KH der pH-Wert rasch ab, wenn der durch Fütterung unweigerlich zugeführte Stickstoff zu Nitrat umgewandelt wird. Nitrat wirkt wie eine Säure. Unter 3 bis 4 °dH sollte die KH deshalb keinesfalls liegen. Im Falle einer niedrigen KH ist es wichtig, den pH-Wert häufiger zu messen beziehungsweise den regelmäßigen Teilwasserwechsel nicht zu vergessen.

Felsiger Lebensraum im Flachwasser bei Mainja (Likoma). Vor allem durchsetzungsfähige Mbunas besiedeln diese nahrungsreichen Zonen.

Filterung

Malawiseebuntbarsche entwickeln einen gesunden Appetit. Aufgrund ihrer Größe und ihres lebhaften Verhaltens haben sie einen hohen Stoffumsatz. Ein leistungsstarker, möglichst großvolumiger Filter ist deshalb eine wichtige Voraussetzung für den reibungslosen Betrieb eines Malawisee-Aquariums. Dabei ist es nicht wichtig, ob es sich um einen Außen- oder Innenfilter handelt. Als Faustformel kann man sagen, dass das Aquarienvolumen am besten etwa zwei bis drei mal pro Stunde durchgesetzt werden sollte. Bei wesentlich höherem Filterdurchsatz besteht die Gefahr, dass die Wasserbewegung im Aquarium zu groß wird und die Fische ständig mit der Strömung kämpfen müssen. Beim Filtermaterial gibt es viele Möglichkeiten, so dass man sich am besten im Fachhandel ausführlich beraten lässt.

Durch die Filterung werden einerseits Trübstoffe und Partikel entfernt, andererseits werden kleine Futterpartikel und andere organische Stoffe (Fischkot, abgestorbene Pflanzenteile) durch die Filterbakterien abgebaut. Bei einem Ausfall des Filters wird das Wasser rasch trüb. Das liegt nicht zuletzt an den Bakterien im freien Wasser, die sich nun stark vermehren, da die Nährstoffe

Besonders die größeren, räuberischen Non-Mbunas wie zum Beispiel *Aristochromis christyi* freuen sich über einen deftigen Happen, hier in Form von Cocktail-Garnelenschwänzen aus dem Supermarkt.

77

Hier macht das Schnorcheln Spaß: Glasklares Wasser in der Felszone bei Ilala Gap (Domwe Island, Cape Maclear).

nicht mehr im Filter abgebaut werden. Eine weitere, ganz wichtige Aufgabe der Filterbakterien besteht darin, das von den Fischen ausgeschiedene Ammonium in Nitrat umzuwandeln.

Es sollte stets darauf geachtet werden, dass durch die Filterströmung eine ausreichende Oberflächenbewegung verursacht wird, so dass immer genügend Sauerstoff eingetragen wird. Wegen des Sauerstoffmangels schwer atmende („pumpende") Fische sind auf jeden Fall zu vermeiden. Gegebenenfalls kann man mittels Membranpumpe (Durchlüfterstein) zusätzlichen Sauerstoff eintragen.

Weiterhin ist zu bedenken, dass durch eine sehr gründliche Reinigung des Filtermaterials der Großteil der Filterbakterien entfernt wird. Es ist

deshalb eher positiv zu sehen, wenn noch etwas Mulm im Filtermaterial verbleibt. Beispielsweise sollte aus Filterschwämmen und Schaumstoffpatronen nicht der gesamte Filterschlamm bis zum letzten Mulmflöckchen herausgewaschen werden. Keinesfalls darf das Filtermaterial in heißem Wasser ausgespült werden. Optimal ist es, wenn der Filter mehrere Kammern oder unterschiedliche Materialien (z. B. Filterkies und Schaumstoffmatten) aufweist, die abwechselnd gereinigt werden. Auf diese Weise ist eine gleichbleibende Filterleistung sichergestellt. Trotzdem sollte der Filter regelmäßig gereinigt werden (sieht man mal von bestimmten „Langzeitfiltern" ab), da er andernfalls regelrecht verschlammen kann.

78

Wasserwechsel

Wer seinen Fischen etwas Gutes tun möchte, macht einen Wasserwechsel, genauer gesagt, einen Teilwasserwechsel. Durch Teilwasserwechsel wird vor allem Nitrat, das sich über kurz oder lang in jedem Aquarium anhäuft, entfernt, das heißt, die Nitratkonzentration durch Verdünnung mit Leitungswasser herabgesetzt.

Je nach Fischbesatz und Fütterung hat sich ein Austausch von etwa 30 bis 40 Prozent des Beckeninhaltes alle 10 bis 14 Tage bewährt. In stark besetzten Aquarien oder in Aufzuchtbecken, in denen naturgemäß viel gefüttert wird, kann ein 50- oder sogar 60-prozentiger Wasserwechsel sinnvoll sein. Ein Zuviel gibt es dabei nicht. Frisches Wasser führt bei manchen Arten unmittelbar zum Ablaichen.

Grundsätzlich ist ein kleiner, dafür häufiger ausgeführter Teilwasserwechsel besser, als ein großer Teilwasserwechsel in entsprechend größeren Abständen. Da das frische Wasser üblicherweise einen etwas höheren pH-Wert sowie eine geringere Konzentration an gelösten Stof-

Eine Horde Mbunas sucht Nahrung in einer sonderbaren Felsvertiefung bei Zimbawe Rock (Cape Maclear).

79

fen (vor allem Nitrat) enthält als das „gealterte" Aquarienwasser, ist die Änderung im Wasserchemismus bei einem geringen Teilwasserwechsel kleiner als bei einem großen. Das heißt, die Umstellung der Buntbarsche auf die neuen Wasserverhältnisse ist nicht so groß.

Allerdings hat die Erfahrung gezeigt, dass Malawiseebuntbarsche, aber auch viele andere Aquarienfische, einen Teilwasserwechsel von 60 bis 70 Prozent problemlos verkraften. Ein großer Teilwasserwechsel ist auf jeden Fall effektiver als zwei kleine. Das liegt daran, dass bei dem zweiten kleinen Teilwasserwechsel auch ein Teil des bereits durch den ersten Wasserwechsel verdünnten Wassers mit ausgetauscht wird.

links:
Riesige Felsen im Flachwasser bei Likoma (Mainja): In der Brandungszone ist das Algenwachstum besonders stark, der Sauerstoffgehalt hoch.

rechts:
Frischwasser fördert die Laichbereitschaft: Dieses Pärchen von *Copadichromis borleyi* (Kadango-Population) laichte spontan im Ausstellungsbecken auf den Internationen Cichlidentagen in Duisburg (2009).

80

Wassertemperatur

Im Malawisee schwanken die Temperaturen, wie der Verfasser selbst feststellen konnte, in Abhängigkeit von der Jahreszeit zwischen etwa 23 und 29 °C. Das bedeutet, dass diese Buntbarsche einen recht großen Temperaturbereich tolerieren. Langjährige Erfahrungen haben aber gezeigt, dass sich Malawiseebuntbarsche sehr gut bei einer durchgehenden Temperatur von 24 bis 26 °C halten und vermehren lassen.

Bei niedrigeren Temperaturen nehmen die Aktivitäten der Fische, wie Schwimmfreude, Revierverteidigung (Aggressionsverhalten) und natürlich auch der Fortpflanzungstrieb deutlich ab. Es ist zwar ohne Weiteres möglich, Malawiseebuntbarsche bei Zimmertemperatur zu pflegen (19 bis 21 °C). Die Fische verhalten sich dann aber sehr ruhig und ein Ablaichen dürfte unter diesen Bedingungen die Ausnahme darstellen.

Bei Temperaturen von 27 bis 29 °C sind Malawisee-Cichliden in jeder Hinsicht sehr munter und schwimmfreudig. Züchter bevorzugen meist solch hohe Temperaturen, um eine bessere Ausbeute durch häufigeres Ablaichen zu erzielen. Da eine höhere Temperatur dazu führt, dass der gesamte Stoffwechsel angekurbelt wird und schneller abläuft, nimmt auch der Energieverbrauch zu. Es ist deshalb wahrscheinlich, dass bei hohen Temperaturen gehaltene Malawiseebuntbarsche schneller altern.

Aufwuchs ist keine nahrhafte Kost. Mbunas sind den größten Teil des Tages mit der Nahrungsaufnahme beschäftigt (Mpanga Rocks, Chilumba, Malawi).

Ernährung

Viele Malawiseebuntbarsche, darunter die große Mehrzahl der Felsenbuntbarsche (Mbuna), sind in der Natur spezialisierte Aufwuchsfresser. Trotzdem lassen sie sich –und auch fast alle anderen Nahrungsspezialisten des Malawisees –im Aquarium problemlos an handelsübliche Trocken- und Frostfuttersorten gewöhnen. Es ist erstaunlich, wie schnell Wildfänge derartige, für sie völlig fremde Futtermittel annehmen.

Die mittlerweile hohe Qualität der verschiedenen kommerziellen Flockenfutter und Granulate macht es dem Aquarianer leicht, Malawiseebuntbarsche dauerhaft gesund zu ernähren. Es ist ohne Weiteres möglich, diese Cichliden ausschließlich mit Flockenfutter zu ernähren, sofern es sich um ein hochwertiges Produkt handelt.

Ballastreiche Kost

Mit Blick auf die zahlreichen Aufwuchsfresser im Malawisee ist zu betonen, dass diese Buntbarsche in der Regel sehr ballastreiche Kost gewöhnt sind. Aufwuchs besteht überwiegend aus Algen und Cyanobakterien, die von den Buntbarschen zum großen Teil gar nicht verwertet werden können und deshalb „Ballast" darstellen, der mehr oder weniger unverändert wieder ausgeschieden wird. Den eigentlichen Nährwert bilden die Kleinkrebschen, Insektenlarven und anderen Kleintiere, die im Aufwuchs leben. Deshalb ist Aufwuchs eine nährstoffarme, „leichte" Kost, von der die Buntbarsche große Mengen täglich aufnehmen müssen, um ihren Energiebedarf zu decken.

In der Natur sind Aufwuchsfresser praktisch den ganzen Tag damit be-

Hochwertiges Flockenfutter ist genau auf die Bedürfnisse der Malawiseebewohner abgestimmt. Für Aufwuchsfresser und räuberische Arten stehen getrennte Futterarten zur Verfügung.

Fotos: D. Gröbel-Becker

83

rechts:
Brokkoli und Zucchini werden nicht nur von Mbunas, sondern auch gerne von Nicht-Mbunas gefressen.

Grundsätzlich heißt es Maß halten, und ein Fastentag pro Woche schadet nicht. Bei zu reichlicher Fütterung werden Malawiseebuntbarsche nicht nur wesentlich größer als ihre freilebenden Artgenossen, sondern auch sehr massig.

schäftigt, Nahrung aufzunehmen. Diese Angewohnheit, beziehungsweise der damit in Verbindung stehende große Appetit, kann sich im Aquarium sehr negativ auswirken, wenn der Pfleger zu reichlich oder falsches Futter reicht.

Bei Verfütterung von ballastarmer, „schwerer" Kost, wie zum Beispiel schierem Fleisch, kann der Verdauungsapparat dieser Buntbarsche überfordert werden; Darmerkrankungen können die Folge sein. Deshalb ist ballastreiches Futter wichtig. Grünflockenfutter kann beispielsweise eine gute Alternative sein, um Aufwuchsfresser regelmäßig auch mit „leichter" Kost zu versorgen.

Gemüse für Aufwuchsfresser

Eine gute Möglichkeit zur vegetarischen Ernährung von Mbunas und anderen Aufwuchsfressern bietet Gemüse. Zucchini, Blumen- und Rosenkohl, Brokkoli, aber auch Salat, Spinat, Möhren und Kartoffeln werden gerne „abgegrast" und letztlich komplett aufgefressen. Wichtig ist, dass man das Gemüse mittels Sauger oder anderen Hilfen so befestigt, dass es nicht von den Fischen in unzugängliche Ecken des Aquariums verfrachtet werden kann, wo es nicht gefressen wird und verdirbt.

85

Frostfutter

Frostfutter wird von den meisten Buntbarschen sehr gerne gefressen. Rote, Schwarze und Weiße Mückenlarven, Garnelen (*Mysis* und auch größere Arten), ausgewachsene Salinenkrebschen oder Muschelfleisch gehören zum Standardsortiment der meisten Lieferanten. In Maßen gereicht, sind diese Futtersorten ein gutes, kräftiges Futter, das vor allem im Rahmen der Aufzucht von Jungfischen und bei größeren Nicht-Mbunas sehr hilfreich ist.

Selbst Kartoffeln (oben) und Weißkohl werden gefressen.

Wichtig ist eine hohe Qualität des Frostfutters. Verluste nach Fütterung von beispielsweise gefrorenen Roten Mückenlarven sind mit hoher Wahrscheinlichkeit auf verdorbenes Frostfutter zurückzuführen und nicht darauf, dass Rote Mückenlarven grundsätzlich nicht als Futter für Malawisee-Cichliden geeignet wären. Ein Nachteil von Frostfutter besteht in der vergleichsweise hohen Wasserbelastung. Während des Einfrierens der Futtertiere bilden sich Eiskristalle, die die Zellmembranen zerstören und löchrig machen. Beim Auftauen fließt der Zellsaft dann teilweise aus. Dies erkennt man bei Roten Mückenlarven an der roten Färbung des Auftauwassers. Es empfiehlt sich, das aufgetaute Futter in einem Sieb unter langsam fließendem Wasser auszuwaschen, um die Belastung des Aquarienwassers mit ausgetretenem Zellsaft gering zu halten.

86

Lebendfutter

Lebendfutter hat viele Vorteile. Die Wasserbelastung ist, im Verhältnis zur Fütterung mit Trocken- oder Gefriernahrung, sehr gering. Das Problem besteht in erster Linie darin, geeignetes Lebendfutter regelmäßig zu beschaffen. Kaum ein Aquarianer dürfte die Möglichkeit haben, so regelmäßig tümpeln gehen zu können, dass eine durchgehende Ernährung seiner Buntbarsche sichergestellt ist. Der Fachhandel bietet mitunter lebende Rote und Weiße Mückenlarven, Wasserflöhe und *Tubifex* an. Für Aufwuchsfresser sind diese Futtersorten auf Dauer aber zu gehaltvoll, das heißt, zu protein- und fettreich. Gelegentlich in geringer Menge gereicht, freuen sich auch Aufwuchsfresser über die lebenden Futtertiere und gedeihen gut dabei. Schließlich fressen Mbuna auch im Freiland Krebschen, Würmer, Mücken- und Fliegenlarven sowie andere Kleintiere, die sie im Aufwuchs finden.

Fütterung der Raubtiere mit gefrorenen Schwebegarnelen (Mysis).

87

Vermehrung

Es ist geradezu sonderbar, und niemand hat eine schlüssige Erklärung dafür, dass alle Malawiseebuntbarsche – bis auf eine Ausnahme – Maulbrüter im weiblichen Geschlecht sind. Die Ausnahme ist *Tilapia rendalli*. Dieser Cichlide ist ein paarbildender Offenbrüter, der seine Eier zunächst auf beispielsweise eine Steinfläche ablegt und die Larven bis zum Freischwimmen in kleinen selbstgegrabenen Gruben versteckt. Übrigens ist *T. rendalli* kein typischer Malawisee-Cichlide. Die Art hat eine weite Verbreitung in Afrika und ist vermutlich erst relativ spät in den Malawisse eingewandert (siehe auch S. 11).

Alle anderen Cichliden des Malawisees sind agame (bindungslose), maternale (weibliche) Maulbrüter. Das bedeutet, dass sich die Geschlechtspartner nur für die kurze Zeit des Ablaichens zusammenfinden. Die Eier werden unmittelbar nach dem Absetzen vom Weibchen im Kehlsack verstaut. Das Paarungsspiel findet bei allen Arten unter drehenden Bewegungen, oft in einer Grube oder an einem anderen geschützten Platz statt.

Das Männchen gibt das Sperma ebenfalls während der drehenden Ablaich-Bewegungen ab, und wahrscheinlich werden die Eier erst im Maul des Weibchens befruchtet. Dies geschieht gemäß der Wicklerschen-Eiattrappen-Theorie dadurch, dass das Weibchen während der Drehungen nach den Eiattrappen auf der Afterflosse der Männchen schnappt und in diesem Zuge die Spermien aufnimmt, mit denen die bereits im Maul befindlichen Eier befruchtet werden.

Aristochromis christyi beim Ablaichen. Die flache Mulde hatte das Männchen wenige Tage zuvor ausgehoben.

Treusorgende Weibchen

Sobald die Eiabgabe beendet ist, zieht sich das Weibchen zurück, um in Ruhe den Nachwuchs ausbrüten zu können. Während der Maulbrutphase frisst das Weibchen nicht beziehungsweise „schlürft" nur kleine Nahrungsbrocken vorsichtig über seine Brut hinweg. Die Bebrütungsdauer hängt von der Temperatur ab, aber unter den üblichen Bedingungen (24 bis 26 °C) dauert es rund drei Wochen, bis die Jungtiere fertig entwickelt sind. Die Spanne kann aber recht groß sein: Manche Weibchen entlassen fertig entwickelte Junge bereits nach 17 Tagen, bei anderen Arten kann es auch 28 Tage dauern (*Rhamphochromis*).

Falls man die Jungtiere nicht aufziehen möchte, kann man das Weibchen im Gesellschaftsaquarium belassen. Je nachdem, wie versteckreich das Aquarium eingerichtet ist beziehungsweise wie viele räuberische Arten anwesend sind, werden einige Junge überleben und aufwachsen. Mbunas haben sich dabei als wesentlich überlebensfähiger und „schlauer" erwiesen als Nicht-Mbunas.

Falls das Gesellschaftsbecken zu stark besetzt ist oder es kein ruhiges Plätzchen für das Freisetzen der Jungtiere gibt, kommt es vor, dass das Muttertier die Jungtiere übermäßig lange im Maul festhält. Dabei magern das Weibchen und seine Brut stark ab. In solchen Fällen sollte man das Weibchen in ein Extrabecken überführen, damit es in Ruhe seine Kleinen freisetzen kann.

Ein großes Weibchen von *Nimbochromis livingstonii* betreut seine Brut bei Chiofu (malawische Ostküste bei Makanjila).

89

Ruhe im Extrabecken

Aristochromis-christy-Weibchen bei der nachsorgenden Brutpflege. Die Jungtiere werden noch rund drei bis vier Wochen (mitunter sogar noch länger) nach dem ersten Freisetzen betreut.

Wenn man die betreffende Art vermehren möchte, sollte man das Weibchen einige Tage nach dem Ablaichen in ein separates Aquarium überführen. Je nach Größe des Weibchens reicht ein 10 bis 40 Liter großer Behälter völlig aus. Der Zeitpunkt des Herausfangens hängt von mehreren Punkten ab. Falls ein Buntbarsch-Muttertier dazu neigt, die Eier oder Larven angesichts der täglichen Futtergaben auszuspucken oder aus anderen Gründen nicht „durchzutragen", sollte man nicht allzu lange

warten, sondern das Weibchen nach wenigen Tagen herausfangen.

Sofern zu erwarten ist, dass das Weibchen nach längerer Zeit der Abwesenheit beim Zurücksetzen ins Hauptbecken von den anderen Insassen als Neuling attackiert wird, sollte man das Muttertier möglichst spät herausfangen, so dass die Abwesenheit des Weibchens nur kurz ist und es weiterhin als Mitglied der Aquariengemeinschaft akzeptiert bleibt. Aus genau diesem Grunde fangen manche Züchter das tragende Weibchen nach

Die Jungtiere auf den Abbildungen sind 13 Tage alt und werden zur Nacht und auch bei drohender Gefahr komplett vom Muttertier eingesammelt.

von oben:
Zum ersten Mal aus dem Maul der Mutter entlassene Junge von *Pseudotropheus lombardoi* sind bereits über einem Zentimeter groß und tragen schon das arttypische blaue Streifenmuster. Erst mit Einsetzen der Geschlechtsreife färben sich die Männchen vollständig zitronengelb.

Gemischtes Aufzuchtbecken: Es macht einfach Spaß, die kleinen Buntbarsche heranwachsen zu sehen.

Knapp vier Wochen alte *Pseudotropheus lombardoi*: In diesem Alter sind die Jungen bereits intensiv gefärbt.

etwa 18 Tagen heraus, entnehmen vorsichtig die Jungtiere (indem sie das Maul mit dem Fingernagel vorsichtig unter Wasser öffnen und durch leichtes Schwenken des Muttertiers die Jungen veranlassen herauszuschwimmen) und setzen das Weibchen sofort wieder zurück. Den Jungtieren schadet das nicht, man kann sie ohne Probleme auch ohne Muttertier aufziehen.

Nicht-Mbunas betreiben meistens eine ziemliche lange nachsorgende Brutpflege, die von einigen Tagen bis zu etwa drei bis vier Wochen dauern kann. In dieser Zeit werden die Jun-

gen vom Weibchen bewacht und bei Gefahr sowie nachts ins Maul aufgenommen. Bei den Felsenbuntbarschen (Mbunas) ist es anders. In vielen Fällen werden die Jungen freigesetzt und dann nicht weiter betreut. Allerdings scheint es hier nicht nur Unterschiede von Art zu Art, sondern auch zwischen einzelnen Weibchen einer Art zu geben. Die Jungen der meisten Arten sind beim ersten Freisetzen mindestens 10 Millimeter groß. Sie lassen sich leicht mit feinem Flockenfutter und/oder frischgeschlüpften Salinenkrebschen (*Artemia*-Nauplien) ernähren und aufziehen.

Junge Malawiseebuntbarsche sind sehr lernfähig und lassen sich leicht dressieren: Hier suchen Jungfische Essensreste zwischen den Zähnen und entfernen Mitesser und andere Hautunreinheiten (Foto: Sherts Boldt).

93

Dähne Fibeln =

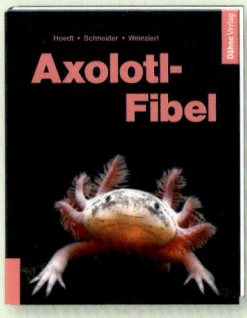

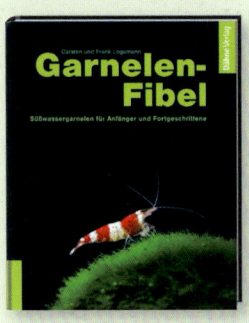
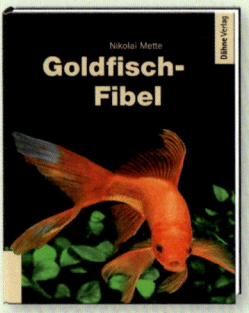

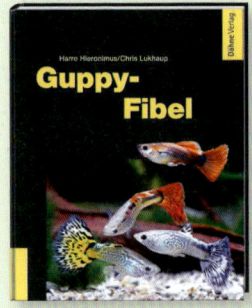

www.daehne.de/fibeln

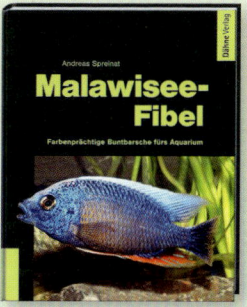

Die schönsten
Seiten der
Aquaristik.

Dähne Verlag

aquaristik
Leidenschaft fürs Hobby

32 Seiten
EXTRA
Die schönsten
Aquarien
der Welt

KOMPAKT: TRIOPS URZEITKREBSE

Tropheus
Farbwunder aus Afrika

www.daehne.de/aquaristik